DE L'ENSEIGNEMENT

DU DROIT

DANS L'ANCIENNE UNIVERSITÉ

DE BOURGES.

à M. le Professeur Berriat St Prix,

hommage de l'auteur.

L. Raynal

DE L'ENSEIGNEMENT

DU DROIT

DANS L'ANCIENNE UNIVERSITÉ DE BOURGES.

————◦◦◦————

DISCOURS

PRONONCÉ

POUR LA RENTRÉE DE LA COUR ROYALE DE LA MÊME VILLE,

Le 4 novembre 1839,

Par M. Louis RAYNAL,

AVOCAT-GÉNÉRAL.

> Mille foro juvenes dedit hæc, bis mille Senatûs
> Adjecit numero purpureis que togis.
> La Thaumassière, *Hist. du Berry*, p. 61.

BOURGES,

IMPRIMERIE ET LITHOGRAPHIE DE JOLLET-SOUCHOIS.

————

M DCCC XXXIX.

DE L'ENSEIGNEMENT DU DROIT

DANS L'ANCIENNE

UNIVERSITÉ DE BOURGES (1).

MESSIEURS,

Lorsqu'un homme de génie éleva, de sa main puissante, l'é-
difice imposant de notre Organisation Judiciaire, il se garda bien
de dédaigner les débris dont la chute des anciennes institutions
avait couvert le sol : il savait tout ce que le présent peut trouver
d'autorité et de consécration dans son alliance avec le passé.
Comme notre législation nouvelle n'était qu'une savante et philosophique transaction entre le droit complexe qui régissait la
France avant la révolution de 1789, et les intérêts sacrés dont
cette grande rénovation sociale avait assuré le triomphe, nos
Tribunaux, nos Cours de justice empruntèrent quelque chose aux
traditions de la Magistrature abolie et conservèrent intactes quel-
ques-unes de ses habitudes et de ses règles.

La solennité qui nous réunit en ce moment et qui appelle

---

(1) Il ne faut pas chercher ici une Histoire de l'Université de
Bourges. La nature et les limites d'un discours permettaient seulement d'indiquer les points les plus saillans et de déterminer les services que cette École célèbre a rendus à la science du Droit.
J'essaierai ailleurs de faire son Histoire, d'après les précieux documens inédits que j'ai recueillis dans nos Archives locales, et dont
je donne une faible partie à la suite de ce discours.

dans cette enceinte l'élite de la Cité, est un de ces vénérables usages que nous a transmis l'ancienne Magistrature. Jadis on avait pensé qu'au jour où recommençaient les travaux judiciaires, où les magistrats reprenaient en commun l'exercice de ces fonctions qu'on a appelées une sorte de sacerdoce, il était bon, il était utile d'arrêter un instant leurs pensées sur les devoirs austères que la gravité d'une telle profession leur impose : — avec quelle autorité, et souvent avec quelle sincérité courageuse et sévère, des hommes, non moins illustres par la science et la vertu que par l'éclat de leurs dignités, adressaient en public, à la Magistrature, au Barreau, ces solennelles exhortations; vous le savez, Messieurs, et nos paroles resteraient trop au-dessous de vos souvenirs.

Mais de nos jours, faut-il s'étonner, lorsque tant de questions nouvelles ont agité les esprits, lorsque tant de préoccupations ardentes sont venues poursuivre le Magistrat jusques dans le sanctuaire de la justice, faut-il s'étonner que le cercle dans lequel se renfermaient aisément nos immortels devanciers se soit élargi, et que d'autres sujets aient été traités devant vous? Placée au milieu de la société qui l'environne et la presse, la Magistrature s'associe à toutes ses épreuves, elle partage ses bons et ses mauvais jours, elle subit toutes ses émotions, à la condition difficile, mais glorieuse, de les dominer. Aussi est-il arrivé plus d'une fois qu'à ces développemens que la nouveauté de la forme peut seule rajeunir, on a substitué, ici ou dans d'autres enceintes, et nous ne devons pas nous en plaindre, de hautes considérations sur l'état général des esprits, sur le malaise qui domine la Société, sur le rôle politique de la Magistrature, d'éloquentes dissertations sur les principes les plus menacés par l'esprit de système de la philosophie du Droit, ou de savantes biographies de ces grands Magistrats et de ces grands Jurisconsultes dont la vie s'est écoulée au milieu des troubles civils, sans que leur vertu se soit démentie, sans qu'ait failli leur courage, et qui nous ont légué leurs noms à vénérer et leur exemple à suivre.

Quant à moi, Messieurs, qu'il me soit permis d'échapper à ces préoccupations contemporaines dont je vous parlais tout à l'heure, et qui, grâce à Dieu, se calment chaque jour, de me réfugier dans des siècles éloignés de nous, et de demander à ces vieux souvenirs l'intérêt si puissant et si calme, le charme si plein de sérénité qu'a toujours pour l'esprit la contemplation du passé.

Jamais, il faut le dire, aucune époque n'eut un goût plus vif et ne montra une vocation plus décidée que la nôtre pour les travaux historiques : soit que le spectacle des douloureuses inquiétudes dans lesquelles nous nous sommes trop long-temps débattus, rejette involontairement la pensée vers les temps écoulés pour y chercher des consolations ou des modèles, soit que, moins dominés par ces convictions salutaires qui donnent à l'âme plus de force , mais qui rendent souvent l'esprit exclusif , nous nous trouvions, compensation insuffisante sans doute! mieux préparés à comprendre les mœurs, les coutumes, les institutions, les doctrines les plus opposées, les plus diverses, les plus étrangères à tout ce qui nous entoure.

L'étude du Droit a participé, plus que toute autre, à cette disposition générale des esprits. Le temps n'est plus de ces généreuses illusions qui persuadaient à nos pères que la législation dont ils venaient de doter la France se suffirait à elle-même, qu'elle se passerait d'interprètes , et qui inspiraient à Napoléon, à la vue du premier commentaire sur le Code Civil, cette exclamation douloureuse: « Mon Code est perdu! » La nécessité d'une interprétation scientifique se fit bientôt comprendre : la théorie du droit reprit son empire. D'abord timide, emprisonnée dans les textes, osant à peine interroger la philosophie et l'histoire sur l'origine et la filiation des principes, elle manqua peut-être d'étendue et de lumière. Aujourd'hui elle a brisé ces entraves : en même temps qu'elle s'élargit sous l'influence d'idées philosophiques plus élevées et plus saines, elle s'éclaire par l'intelligence impartiale des législations anciennes, considérées dans leur originalité et leur ensemble ; elle rend sa place à l'histoire ; elle réhabilite les grandes Ecoles de jurisprudence , et surtout cette Ecole Française du XVIᵉ siècle, que trop long-temps on s'était borné à connaître par la gloire traditionnelle de certains noms.

Et comment, lorsque l'attention se reporte sur ces Jurisconsultes éminens, qui sont une des plus nobles et des plus pures illustrations de la France , comment pourrions-nous oublier que quelques-uns d'entre eux, les plus justement célèbres peut-être, ont vécu long-temps dans notre vieille Cité, qu'il y ont versé à flots les trésors de leur doctrine , qu'à leur voix on accourait en foule des contrées les plus lointaines , que des princes, que des rois venaient rendre hommage à la science en s'asseyant dans l'étroite et sombre enceinte de nos grandes Ecoles, et que la gloire universitaire de Bourges rayonna pendant près d'un siècle avec un éclat auquel l'Europe n'opposa jamais rien d'égal ? comment en un mot pourrions-nous oublier que ce fut dans nos murs que se consomma la renaissance de l'étude historique du Droit ?

C'est donc de l'enseignement du Droit dans notre ancienne Université et des illustres professeurs qui le portèrent à un si haut degré de renommée que je veux vous entretenir, non seulement parce que c'est pour nous un souvenir local et comme une gloire de famille que nous aurions mauvaise grâce à dédaigner, mais parce qu'il y a de profitables exemples et d'utiles leçons à recueillir dans la vie de ces hommes persévérans et forts, si dévoués au culte de la science et devenus si grands par elle. Auprès de vous, Messieurs, un tel sujet n'a pas besoin d'apologie : vous parler de ces gloires conquises par le travail, c'est vous parler de cet amour de l'étude qui est un devoir du magistrat : et d'ailleurs entre l'application et l'enseignement du droit, entre le jurisconsulte qui juge et celui qui professe, les rapports ne sont-ils pas faciles à saisir ? La jurisprudence qui se forme de vos arrêts n'est-elle pas une sorte d'enseignement, le plus écouté peut-être, et le plus influent de tous, dans l'état actuel de la science ?

Les Universités, au moyen-âge et surtout au XVIe siècle, furent, vous le savez, Messieurs, un centre puissant d'activité intellectuelle, un ardent foyer de lumières. Avant elles, les monastères, les établissemens religieux, où s'était conservé mieux qu'ailleurs, grâce à la perpétuité des traditions, le précieux dépôt des connaissances humaines, avaient exercé le privilége à peu près exclusif de l'enseignement. Mais enfin la science s'échappa du mystère des Cloîtres et du parvis des Eglises qui ne pouvaient plus la contenir : elle commença à se séculariser, et l'on vit, dès le XIIe siècle, s'ouvrir en Europe la succession des grandes Ecoles.

Quelle ne devait pas être, quelle ne fut pas leur popularité ! Les manuscrits, et plus tard, au début de l'Imprimerie, les livres étaient rares et coûteux : il fallait demander à l'enseignement oral des ressources que rien ne pouvait remplacer.

La renaissance du Droit Romain agrandit encore le rôle des Universités, et concourut à leur donner plus d'autorité et d'importance.

Sans doute l'idée du Droit Romain n'avait jamais péri en Europe : de savantes recherches l'ont démontré (1). Toutefois ses grands monumens avaient disparu, et dans les désordres des siècles féodaux, quand partout la force s'était substituée au droit et s'érigeait en droit à son tour, quelle influence auraient pu conserver ces admirables doctrines d'équité naturelle et d'égalité civile, dont les Jurisconsultes de Rome avaient été les interprètes?

Mais au déclin de la féodalité, les esprits se dégageant peu à peu d'un régime de violence, se tournèrent avec empressement vers ce souvenir des lois romaines qui avait survécu, dans les époques les plus sombres du moyen-âge, comme une sorte d'image idéale du droit civil. On voulut les connaître, pour leur demander la condamnation de tant d'injustices. Les Universités se firent les organes de ce nouvel enseignement, et nous ne faisons que répéter une expression d'une éloquente vérité, en disant que, pour cette société qui sortait du chaos, ce fut comme la prédication d'un évangile dont les professeurs étaient les apôtres, dont les étudians se firent les ardens prosélytes (2).

Le signal fut donné par l'Université de Bologne : l'étude du Droit Romain devait renaître dans ces riches cités d'Italie, là où avait été son berceau. Cependant la mission de l'Université de Bologne se borna à un travail presque matériel sur les textes. Comprendre, analyser la lettre des lois Romaines, les commenter et les rapprocher minutieusement, telle fut l'œuvre nécessaire, mais ingrate, que poursuivirent, avec plus de persévérance que de lumières, les trois Écoles successives d'Irnérius, d'Accurse et de Bartole.

Mais quand cette explication servile des textes fut épuisée ou ne se prêta plus qu'aux subtilités d'une dialectique sans portée, quand le Droit Romain fut appelé, par l'état des esprits, à devenir une idée puissante et à modifier profondément les élémens de la société moderne, il semble que le rôle de la France commençait. La France, en effet, n'a-t-elle pas conservé, à travers bien des épreuves, la périlleuse, mais noble initiative des idées qui doivent dominer l'avenir? N'est-elle pas la senti-

---

(1) V. l'Histoire du Droit Romain au moyen-âge, par M. de Savigny, traduite de l'allemand, 3 vol. in-8o., 1839.

(2) V. l'Histoire du Droit Français, par M. Laferrière, 2 vol. in-8o.; l'introduction à l'Histoire du Droit, par M. Lerminier, etc.

nelle vigilante qui , les yeux incessamment tournés vers l'horizon, voit la première poindre ces lueurs , incertaines d'abord et de plus en plus vives, qui bientôt vont illuminer le monde ?

Ce grand mouvement des études juridiques commença au cœur même de la France. Il commença à l'Université de Bourges, et si l'impulsion fut donnée par un Italien qu'avait méconnu son pays, le Milanais Alciat , du moins elle fut ensuite continuée, avec bien plus de puissance, par deux Jurisconsultes français, tous deux chefs d'École, Cujas et Doneau.

L'Université de Bourges avait été long-temps obscure. Un de nos vieux historiens attribue son origine à je ne sais quel roi des Celtes , dans des temps qui précèdent de bien loin toutes les périodes historiques. Malheureusement pour ces fabuleuses exagérations, le nom de son fondateur et la date de son établissement sont connus.

Deux ans après son avènement au trône, en 1463, Louis XI se souvint de cette ville où il était né, et qui formait, au moment de sa naissance, le dernier asile de la nationalité française, et presque la monarchie tout entière. Louis XI qui, au témoignage de Commines, rêvait pour la France l'unité sous toutes les formes, et qui, révolutionnaire à sa façon, voulait soumettre à son redoutable niveau les têtes les plus hautes, Louis XI trouvait dans l'enseignement du Droit Romain , avec ses doctrines d'uniformité administrative et de toute-puissance impériale , un secours favorable à ses projets. Déjà il venait de fonder l'Université de Valence : de concert avec le pape Paul II , il dota la ville de Bourges du privilége Universitaire (1).

Mais les anciennes Universités résistaient presque toujours, au nom des droits acquis , à l'avènement des Universités nouvelles. Paris et Orléans conspirèrent contre cette concurrence qu'une pensée politique venait de leur susciter, et trouvèrent un auxiliaire puissant dans la haine que le Parlement de Paris portait aux innovations. La lutte se prolongea pendant plusieurs années :

(1) Les premières lettres de Louis XI sont datées de Marcuil, près Abbeville , décembre 1463. La bulle du pape Paul II est de 1464 , la veille des Ides de décembre. Elle fut obtenue par Pierre Fradet, doyen de l'église de Bourges, qui mourut à Rome, dit Catherinot , en faisant cette poursuite.

maiₛ le Parlement dut enfin se soumettre devant la volonté obsti-
née de Louis XI (1).

Ce qu'on venait d'organiser, Messieurs, c'était un vaste enseignement de toutes les connaissances humaines, ou, comme on
s'exprimait alors, *une École générale des Arts libéraux*. La
Médecine y était représentée comme la Jurisprudence, les Lettres comme la Théologie. Mais nous ne devons nous occuper ici
que de l'enseignement du Droit, le seul après tout qui, à de rares exceptions près, ait compté d'illustres professeurs, le seul
qui ait rendu à la science des services éclatans.

Pendant quelques années la nouvelle Université prospéra. Ins-
tallée dans les vastes salles du couvent des Jacobins et comme
sous la tutelle de la pensée catholique, elle empruntait pour toutes ses solennités les pompes de la Religion : la réception des
professeurs, les examens des candidats s'accomplissaient, comme
une cérémonie du culte, sous les voûtes imposantes de notre
grande Cathédrale. Chaque jour un plus grand nombre d'étudians
venaient, de tous les pays, briguer les titres déjà si recherchés
de Bachelier, de Licencié, de Docteur. Les professeurs, suivant
l'expression d'un document contemporain, s'acquittaient *gran-
dement et vertueusement* de leurs charges. Toutefois leur enseignement a laissé peu de traces : l'esprit des Jurisconsultes Ita-
liens domina parmi eux ; nous en avons un témoignage positif dans
les écrits du professeur le plus célèbre de cette époque, Antoine
Bohier, que le Parlement de Bordeaux s'empressa d'enlever à
nos Écoles.

Mais, toute récente encore, déjà cette institution touchait à son
déclin, quand une révolution dans la science vint à propos pour
la ranimer et l'illustrer. Alciat, nous l'avons dit, devait en être
l'auteur, et notre Université le théâtre.

Alciat (2) avait débuté à l'Université d'Avignon. François Iᵉʳ, pour
qui la postérité s'est montrée indulgente, parce qu'il aima pas-
sionnément trois grandes choses, les sciences, les lettres et les
arts, l'attira dans son royaume. Il régnait alors entre les princes

(1) **V.** le procès-verbal d'installation de l'Université, le 9 mars
1466, dans l'opuscule de Catherinot: *Dissertation que le parquet de
Bourges est du corps de l'Université*, 1672, in-4°., p. 12.

(2) André Alciat, né à Milan, 12 mai 1492, mort à Pavie en
1550.

une étrange et noble rivalité : ils se disputaient la présence d'un savant dans leurs Etats, avec la même ardeur que la possession d'une province : non qu'ils fussent tous à même d'apprécier la valeur de leurs conquêtes, mais c'étaient des joyaux dont ils aimaient à parer leurs couronnes. Souvent aussi les savans, pour peu que leur science ne fût pas docile, voyaient ces maîtres empressés se changer en ardens persécuteurs : ainsi, pour demander un exemple à l'histoire du Droit, le comte de Montbelliard. afin d'arracher à Dumoulin un avis favorable à ses intérêts, le jettait dans les cachots de la forteresse de Blammont (1). Rien n'était donc plus nomade que la vie de ces grands hommes, sous le coup de la persécution ou de la faveur : mais partout fidèles à la science, ils la répandaient sur leurs pas, et rendaient ainsi profitable à l'humanité cette sorte de chevalerie errante, à laquelle ne manquèrent ni le dévouement ni les périls.

Le 19 avril 1529, Alciat inaugura à Bourges le nouvel édifice consacré aux Grandes Ecoles, qui semblaient ainsi consommer leur émancipation. Il suivait encore le système subtil et confus des Bartolistes : mais d'autres idées fermentaient déjà parmi ses disciples ; il les accepta comme une révélation, les fit passer dans son enseignement, et dès-lors il devint le chef de l'Ecole à laquelle il était réservé d'accomplir l'interprétation du Droit Romain.

Jusques-là on avait profondément ignoré ou profondément dédaigné les ressources que la littérature classique et les écrivains de l'antiquité pouvaient offrir pour l'intelligence et l'explication des Jurisconsultes latins : et rien n'est bizarre, vous le savez, Messieurs, comme les erreurs auxquelles cette ignorance ou ce dédain exposa les premiers interprètes. Alciat se jeta dans une voie nouvelle. Il avait assisté à ce mouvement d'érudition classique que suscitèrent en Italie les savans échappés au désastre de Constantinople : il était orateur et poète autant que jurisconsulte ; il appliqua à l'étude du Droit la connaissance approfondie des orateurs, des poètes, des historiens, des philosophes de la Grèce et de Rome. Le Droit, en effet, Messieurs, n'est qu'une des faces de la civilisation de chaque pays et de chaque époque, ou plutôt il la reproduit tout entière, en ce qui touche aux relations obligatoires de l'homme avec l'homme, de l'homme avec les cho-

(2) V. M. Hello, *Essai sur la vie et les ouvrages de Dumoulin*, 1839.

ses. Comment le comprendre, si on ne comprend pas cette civilisation dans son ensemble ? Comment l'expliquer, si on n'explique pas en même temps les institutions, les mœurs, l'histoire même du peuple qu'il régissait, si on ignore la succession des doctrines philosophiques qui l'ont modifié, si l'on dédaigne les grands écrivains qui peuvent seuls donner de toutes ces choses d'instructifs et éloquens témoignages ? Ce fut toujours une des sources les plus fécondes de l'erreur que de vouloir étudier les effets sans les causes.

Un tel enseignement ouvrait à la pensée des perspectives à la fois si neuves et si vastes, il consommait une si heureuse alliance entre l'érudition classique et le Droit, il donnait à une étude jusque là pleine de pédantisme et de sécheresse, je ne sais quel charme littéraire, si puissant sur les intelligences, qu'il fut accueilli avec enthousiasme ; François Ier, lui-même, vint prendre place dans l'auditoire d'Alciat, comme à Paris il aimait à visiter le docte atelier des Estienne ; et l'on raconte qu'un jour le Dauphin, ravi d'une de ses leçons, lui offrit une précieuse médaille en or, qu'il venait de recevoir de la généreuse hospitalité de nos pères.

Aussi, lorsque rappelé en Italie par des séductions auxquelles il ne sut pas résister, Alciat eut déserté presque furtivement l'École de Bourges, à la grande colère de ses admirateurs et de ses disciples, comme le témoigne une amère épigramme contemporaine (1), sa chaire ne resta pas muette, sa méthode ne fut pas stérile.

---

(1) Alciat avait fait ses adieux à l'Université de Bourges, par ces quatre vers :

> Urbs Biturix, invitus amans te desero amantem,
>   Quinque per æstates terra habitata mihi :
> Nunc opus ad vitulos est à vervecibus ire :
>   Ergo vale, et felix sit tibi lanicium.

On lui répondit :

> Non nos, sed nostros nummos Alzatus amabat,
>   Qui tacitus spretis vanuit hospitibus :
> Ille ergò valeat vitulos pasturus : at illum
>   Nostra vel horrentem frigore lana teget.

Le mot : *Vitulos*, désigne ici les habitans de l'Italie. V. Aulu-Gelle, lib. 11, cap. 1. Il dit que l'Italie fut ainsi nommée d'un ancien mot grec qui signifiait *Bœufs*.

Duaren, Baudouin et Doneau (1) furent, après lui, dans l'ordre des temps, les trois plus grands noms de notre Université : tous les trois inégalement célèbres, et dont la gloire devait bientôt pâlir devant la gloire de Cujas, mais dont les services n'ont pas été méconnus par l'histoire du Droit : Duaren, élève d'Alciat et de Budé, esprit doué de persévérance et de vigueur, plutôt que de facilité et d'éclat, comme son compatriote Dargentré, comme la plupart des hommes éminens que produit le sol austère de la Bretagne ; Baudouin, qui dut sa renommée non moins à ses ouvrages qu'à son inconstance religieuse, et au chimérique projet qui domina et troubla sa vie, de refondre toutes les religions pour en faire une nouvelle ; Doneau enfin, le plus illustre des trois, presque comparable à Cujas, au témoignage de ses contemporains, mais qui n'eut jamais sa popularité, et dont les écrits, trop négligés en France, ont conservé jusqu'à nos jours de fidèles admirateurs parmi les plus grands Jurisconsultes de l'Allemagne.

L'énergique sévérité du génie de Duaren, ne pouvait se satisfaire entièrement de cette méthode d'Alciat, toute livrée aux caprices de l'érudition ; il s'efforça de lui donner plus de vigueur et de logique. Doneau, son élève, avec plus de succès encore, suivit son exemple ; il ne considérait pas le Droit Romain en érudit, en littérateur, nous allions dire en artiste ; il l'étudiait surtout pour en tirer des conséquences pratiques, des inductions positives, des applications sociales. A la forme du commentaire qu'avait préférée Alciat, parce qu'elle ne brise pas l'unité des textes et se prête à toutes les excursions de la pensée, il substitua la forme dogmatique, la forme du traité, parce qu'elle offre à la réflexion une expression plus fidèle, et qu'elle a quelque chose de géométrique et d'inflexible qui plaît aux esprits absolus. Mais une telle synthèse ne vient à propos, dans la science, que lorsque les travaux des commentateurs ont épuisé l'analyse des textes, et

---

(1) François Le Duaren ou Douaren, né à Saint-Brieuc, vers 1519, mort en 1559, à Bourges.

François Baudouin ou Balduyn, né à Arras, 1530, mort en 1573.

Hugues Doneau, né à Châlons, 1527, mort à Altorf, en 1591.

Les portraits fort anciens de ces trois professeurs, ainsi que ceux d'Alciat, de Cujas, d'Hotoman, et de quelques autres, sont déposés au Musée, récemment formé à Bourges, et déjà si riche en objets précieux, grâce surtout au dévouement désintéressé de M. Mater, premier Président de la Cour.

qu'il ne reste plus qu'à formuler rigoureusement les principes. Aussi Doneau, pour être venu trop tôt sans doute, n'obtint pas, malgré la supériorité de son génie, l'influence qui plus tard était réservée à l'esprit généralisateur de Domat et de Pothier.

Toutefois il régnait sans rival dans l'Université de Bourges, quand la méthode purement historique d'Alciat, personnifiée dans un homme de génie, tenta de s'installer de nouveau dans la chaire qu'avait illustrée son fondateur.

Nos Grandes Ecoles avaient alors un puissant protecteur dans l'un de ces hommes dont on ne prononce le nom qu'avec un sentiment de respect, Michel de l'Hospital. A la sœur bien-aimée de François Ier, cette spirituelle et libérale Marguerite, si connue sous le titre de reine de Navarre, avait succédé, dans la possession du duché de Berry, une autre Marguerite, d'un esprit non moins éclairé que la première ; elle avait su choisir comme président de son conseil Michel de l'Hospital, encore obscur, mais qui devait, quelques années plus tard, illustrer la dignité de Chancelier de France.

L'Hospital donna Cujas à l'Université de Bourges. Ces deux grandes intelligences étaient faites pour se comprendre.

Jacques Cujas (1), jeune encore, s'était déjà hautement déclaré l'adversaire de la méthode presque barbare des anciens interprètes, qui conservait encore de nombreux partisans, et de la méthode dogmatique de Duaren et de Doneau. Aussi, il venait d'échouer à l'Université de Toulouse, sa ville natale, devant la puissance des Bartholistes, et les ardentes intrigues d'un étudiant qui devait plus tard être un écrivain célèbre, Jean Bodin, l'auteur de la République. L'Hospital alla le chercher à l'Université de Cahors, où il avait trouvé un asile après sa défaite, et lui fit donner à Bourges la chaire, ou comme on disait alors, la *Régence* que Baudouin venait d'abandonner, et que sollicitait Doneau.

Dès-lors, entre ces deux rivaux se déclara, pour ne plus s'éteindre, l'antipathie la plus vive, la plus ardente hostilité. Doneau fit partager à Duaren la passion qui l'animait, et tous deux, excités, il faut le croire, moins par d'indignes jalousies que par

---

(1) Né à Toulouse, en 1522, mort à Bourges, le 4 octobre 1590. V. la savante Histoire de Cujas, par M. Berriat Saint-Prix, à la suite de l'Histoire du Droit Romain, 1 vol. in-8°., 1821.

l'opposition des méthodes et l'âpreté trop commune aux rivalités scientifiques, voulurent avoir raison de Cujas par ces difficultés de tous les jours devant lesquelles se décourage et succombe la volonté la plus persévérante. Ils avaient une souveraine autorité dans l'Ecole ; de nombreux élèves, habitués à les écouter avec déférence, avaient embrassé leur cause : Cujas qui, avec tout son génie, manquait de cette puissance presque physique de la parole, nécessaire pour dominer les volontés rebelles, Cujas succomba, malgré l'appui de Lhospital, et il fut contraint d'abandonner la chaire. La haine qui l'avait frappé le poursuivit, même après sa défaite, dans la personne d'un de ses partisans les plus prononcés, Antoine Leconte (1), compatriote et proche parent de Calvin, mais bon catholique, que l'illustre chancelier venait de désigner comme professeur de droit canon ; et Leconte lui-même nous a transmis, sur le tumulte qui l'accueillit à sa première leçon, des détails qui prouvent que les émeutes d'étudians ne sont pas une nouveauté ,et que celles du XVI° siècle ressemblaient à s'y méprendre à celles du XIX°.

Les étudians des Universités formaient, à cette époque, une corporation redoutable et puissante avec laquelle les plus grands professeurs étaient souvent réduits à compter. A Bourges surtout, l'Université était une sorte de république où des priviléges reconnus assuraient aux étudians une large part d'influence. Suivant les pays auxquels ils appartenaient, ils se partageaient en nations : chaque nation avait ses habitudes et ses mœurs; elle avait ses armoiries, ses couleurs, sa bannière ; elle désignait dans son sein, par l'élection, ses représentans officiels qui concouraient, avec les professeurs, à décerner les dignités universitaires, et chose étrange ! la première de ces dignités, qui tous les trois mois passait en des mains nouvelles, celle du Recteur, fut plus souvent déférée, dans les premiers temps surtout, aux élèves qu'aux maîtres eux-mêmes.

Mais il faut le dire, ces étudians qu'attirait de si loin la renommée d'un grand professeur, étaient presque tous des hommes formés, souvent d'un rang élevé ou d'un nom déjà connu dans la science et les lettres, souvent revêtus des plus hautes dignités de l'église ou du monde. Ajoutons que ce qu'on enseignait à de tels hommes, ce n'était pas, comme de nos jours, une science toute fai-

(1) Né à Noyon, mort à Bourges, en 1577, suivant Lathaumassière et Chenu, en 1586, suivant d'autres auteurs.

te, où rien n'est imprévu, où rien ne reste à découvrir ; la science, encore récente et inachevée, accessible jusques là au petit nombre, animait, excitait les intelligences par l'attrait continuel de la nouveauté ; une égale ardeur, une passion commune unissait le maître et les disciples ; tous marchaient, d'accord et se donnant la main, comme à la découverte et à la conquête d'une région inconnue. N'avons-nous pas vu Alciat changer sa méthode sur un conseil parti de son auditoire ? et Cujas ne convient-il pas qu'il profita souvent des lumières de ses élèves et de leurs savantes observations ?

Il est facile de comprendre, Messieurs, quelle vitalité énergique, quelle activité orageuse et féconde une telle organisation et de semblables élémens devaient donner aux institutions Universitaires. Dans l'enceinte de la même école, tous les peuples se trouvaient rapprochés ; c'était une continuelle et ardente fermentation d'idées. Dès le commencement du 16ᵉ siècle, la nation Allemande, la plus considérable de toutes, apportait à Bourges les premières nouvelles des prédications de Luther : la réforme y avait, dès 1525, des organes publics ; elle y comptait de nombreux prosélytes parmi les professeurs, parmi les élèves, et dans le sein même des Monastères ; et sous l'inspiration du savant helléniste Melchior Wolmar (1), dont la chaire devait plus tard être occupée par Jacques Amyot (2), le naïf et savant interprète de Plutarque, Calvin y préparait son livre capital, l'Institution chrétienne. Dans les conjonctures difficiles qui furent si fréquentes au XVIᵉ siècle, l'esprit qui agitait cette turbulente population d'étudians fut souvent une occasion de graves inquiétudes pour la Cité ; et peut-être faut-il attribuer à la réaction qu'entraînèrent ces premiers succès de la réforme, les exagérations d'un autre genre qui, en 1571, appelèrent à Bourges une société trop célèbre, et les fureurs à jamais déplorables qui, l'année d'après, répondirent d'une manière sanglante au signal de la St-Barthelémy, et qui fermèrent si long-temps nos portes à Henri IV !

Toutefois Cujas, une première fois vaincu, ne tarda pas à

---

(1) Né à Rotweil, en Suisse, vers 1507, mort à Eisenach, en 1561.

(2) Né à Melun, le 30 octobre 1513, mort en 1593. Il fut pendant douze ans professeur et précepteur à Bourges ; c'est là qu'il commença à traduire quelques ouvrages grecs : et il avoua depuis que ce temps-là avait été le meilleur et le plus tranquille de toute sa vie. V. l'abbé Lebeuf, Histoire d'Auxerre, t. 1, p. 619.

prendre une éclatante revanche. Il fut appelé en 1559 à occuper la chaire devenue vacante par la mort de Duaren ; et destitué de l'appui de son maître, Doneau fut désormais trop faible pour empêcher le retour et le triomphe de son redoutable adversaire. Témoin de succès qui chaque jour effaçaient les siens et qui le blessaient jusque dans ses convictions de Jurisconsulte, Doneau se retira à son tour devant cette gloire destinée à grandir ; l'Université d'Orléans l'accueillit ; il y prêcha publiquement la réforme qu'il avait embrassée avec la vigueur habituelle de son caractère ; mais il n'échappa que par le dévouement de ses élèves aux massacres de la Saint-Barthélemy, et après avoir mené pendant longtemps la vie agitée d'un proscrit, il alla tristement mourir, loin de sa patrie, à l'obscure Université d'Altorf. Destinée affligeante que les querelles religieuses ou les événemens politiques ont faite dans tous les temps à un si grand nombre d'hommes illustres ! Ce fut aussi la destinée d'un habile Jurisconsulte français, Hotoman (1), qui avait professé à Bourges pendant une lacune de l'enseignement de Cujas, et dont le nom restera célèbre, surtout par deux écrits passionnés, mais pleins de verve, d'originalité et de science, l'*Anti-Tribonien* et la *Franco-Gallia*.

Dès-lors l'enseignement de Cujas devint populaire. On accourait en foule pour écouter ses leçons ; et l'on raconte qu'il rendit un jour une visite au théologien Maldonat à la tête de 800 élèves qui formaient son escorte habituelle. Rien n'égalait l'affection, le dévouement réciproque, l'intimité touchante qui unissaient le professeur et les élèves. Il y avait du cœur chez cet homme de génie. Un jour, après la mort d'un fils, son unique espérance, il voulut dominer sa douleur et reprendre ses leçons : mais la douleur fut la plus forte, les sanglots étouffèrent sa voix ; les sentimens du père l'emportaient sur les vains efforts du philosophe formé à l'école des Jurisconsultes stoïciens ! On vit alors son auditoire tout entier fondre en larmes devant un spectacle si déchirant. Même après l'avoir quitté, ses élèves restaient ses amis ; il leur prodiguait ses conseils, son crédit, sa bourse même, la généreuse hospitalité de sa maison : et parmi ces hommes qui se glorifiaient tout à la fois de ses leçons et de son amitié, parmi ces élèves qui se formèrent sous son influence à l'Université de Bourges, il faut citer les plus grands noms de

---

(1) François Hotoman, ou Hotman, né à Paris, 1524, mort en 1500 à Bâle.

cette époque, les Airault, les Pithou, les Loysel, les Dupuy,
les Arnauld, les Jeannin, les d'Ossat, qu'on vit porter plus tard,
dans les travaux de la science ou la conduite des affaires, ces
principes de tolérance éclairée, de noble modération, de sage
indépendance qu'ils avaient puisés à l'école d'un si grand maître !

Après sept années du professorat le plus brillant, Cujas resta,
de 1566 à 1575, éloigné de l'Université de Bourges. Il avait été
appelé à Turin par la faveur d'Emmanuel Philibert, duc de Sa-
voie, l'époux de sa constante protectrice, cette duchesse de
Berry qui était restée fidèle aux inspirations de l'Hospital. Après
avoir ensuite professé quelque temps à Valence, il revint enfin
à Bourges, pour ne plus abandonner qu'un instant, au moment
d'une crise politique, le théâtre de ses plus brillans succès.

Ses dernières années furent pleines de tristesse et d'angoisses.
Il assista à toutes les horreurs de la guerre civile la plus achar-
née et la plus cruelle, car elle avait pour cause les dissentimens
religieux ! Il y assista, comme emprisonné dans une ville que
dominait la Ligue, soupçonné d'hérésie, calomnié dans ses
mœurs, menacé dans son existence, atteint par la mort dans
ses affections les plus chères, et ne trouvant de consolations,
comme il le disait lui-même, que dans les magnifiques décou-
vertes qu'il devait à l'étude, ou dans le commerce de quelques
hommes illustres dont l'amitié lui était restée fidèle. Scaliger,
dont il avait sauvé la vie à Valence, au moment de la St-Barthelémy, vint le voir en 1581 : et il faut entendre ce grand homme
exprimer, avec une énergie touchante, tout à la fois ses chagrins
et sa joie de revoir un ami. « J'ai céans, écrivait-il à Loysel,
» M. de La Scala, de qui la douce compagnie m'a tiré du sé-
» pulchre où j'étais misérablement plongé et m'a essuyé une
» partie de mes piteuses larmes.»

Et cependant il évita toujours de se jeter dans les controverses
religieuses qui divisaient si profondément les esprits. On sait
quelle était sa réponse quand on l'interrogeait sur ces questions
brûlantes : *Quid hoc ad edictum Prœtoris* ? Et il se réfugiait
dans la science contre les passions contemporaines qui venaient
le poursuivre jusque dans sa chaire. Non que le courage civil lui
manquât: à l'époque la plus périlleuse de nos troubles religieux,
il professait publiquement, il défendait dans ses livres ce prin-
cipe tutélaire de la liberté de conscience qui, après avoir fait
verser tant de sang et allumé tant de bûchers, est enfin passé
dans les lois et dans les mœurs, mais qui n'était alors qu'une

dangereuse nouveauté : et lorsque la Ligue, qui entendait la légitimité à sa manière, voulut placer la couronne sur la tête du vieux Cardinal de Bourbon, on le sollicita d'écrire contre les droits d'Henri IV : sa parole . eût valu plus qu'une armée ; on lui offrit de riches récompenses; aux promesses on fit succéder les menaces ; l'émeute gronda autour de ce magnifique hôtel qui porte encore son nom : il fut inflexible comme l'avait été Papinien, son modèle, quand un Empereur tout puissant lui demandait de justifier le fratricide; on n'obtint de lui que cette réponse : « Je commettrais un crime, si je consentais à corrompre » les lois de la patrie et à mentir à la vérité ! »

Mais quelle pouvait être la récompense d'une attitude si réservée et si courageuse à la fois ? Parce qu'il jugeait également indignes de son adhésion les deux factions qui déchiraient son pays, et que ni l'une ni l'autre n'étaient assez pures pour le passionner, toutes deux l'accusaient et l'insultaient tour à tour. Tel est le sort de ces hautes intelligences qui , jetées au milieu des troubles civils, ne veulent pas y prendre un rôle et se faire les complices de toutes les exagérations, et souvent de tous les crimes d'un parti : elles sont méconnues et outragées : leur modération passe pour de l'égoïsme ou de la peur : et jusqu'à ce que le temps fasse justice, elles ne recueillent que l'invective et la persécution.

Il succomba enfin, en 1590, à tant de douleurs, avant d'avoir assisté au consolant spectacle de la résurrection des lois et du triomphe de l'ordre. Mais l'admiration publique, qui ne l'avait pas assez protégé vivant, éclata sur son cercueil : et tous les éloges que reçut sa mémoire, répétèrent, comme la pensée publique, une noble pensée dont Jean Passerat, l'un de ses disciples, fut le meilleur interprète dans ce beau vers :

« CUJAS VOULUT MOURIR, QUAND IL VIT LES LOIS MORTES. »

Douloureuse époque, en effet, pour l'homme qui représentait le plus fidèlement en France la grande idée du Droit, depuis que Dumoulin n'était plus ! Dumoulin, son égal, sinon par l'étendue et la beauté du génie, au moins par la profondeur de la réflexion : Dumoulin qui s'institua le législateur inflexible de la féodalité civile et qui, s'il ne put la détruire, la refoula au moins dans ses limites ; tandis que Cujas livrait au monde, dans sa forme la plus

pure, la pensée des Jurisconsultes Romains, cette admirable expression du spiritualisme stoïcien, si bien d'accord avec l'esprit
éminemment social du Christianisme !

Telle est en effet dans la science, l'œuvre qui fut réservée
à Cujas. Il eut l'intelligence suprême et comme le sentiment in-
time du Droit Romain. Après avoir jeté la lumière sur les textes,
tels que nous les possédons, il comprit bientôt que les collec-
tions informes de Justinien avaient tout confondu, tout altéré,
dispersé en lambeaux souvent inintelligibles par leur isolement
les travaux immenses de ces Jurisconsultes qui tous représen-
taient un système philosophique; il entreprit de rassembler ces
débris épars et de leur rendre une vie nouvelle. C'est ainsi qu'il
parvint à recomposer les grandes figures des Ulpien, des Paul,
des Africain, de Papinien surtout; et dans ces tentatives qui
occupèrent sa vie, il porta une telle pureté de doctrine, un sens
si élevé, une connaissance si merveilleuse de l'antiquité tout entière que, suivant l'expression d'un de ses élèves, il semblait que
par une sorte de métempsychose, le Jurisconsulte qu'il expliquait
lui eût transmis son âme et parlât par sa bouche. Il associa donc,
par un lien indissoluble, son nom au nom de tant de grands
hommes; il s'empara du Droit Romain comme de son domaine,
justifiant à l'avance ce magnifique éloge de Gravina, qu'il n'est
possible de rien ignorer avec lui ni de rien apprendre sans lui.

L'Université de Bourges ne retrouva plus les temps de Cujas.
Elle resta, quand il fut descendu dans la tombe, une institution
utile, mais sans éclat. Elle eut encore une longue suite de professeurs dignes d'estime, dont le temps me force de taire les noms
et les services, mais qui tous eurent le malheur de succéder à
des hommes trop grands pour qu'il fût possible de les remplacer.
Vainement on chercha les moyens de rappeler cette foule qui se
pressait jadis autour des Alciat, des Doneau, des Cujas; les étudians des contrées lointaines avaient désappris, pour toujours,
le chemin de nos Ecoles.

En pouvait-il être autrement ? n'avaient-elles pas perdu, pour
ne plus la reconquérir, cette initiative scientifique qui leur avait
créé une légitime renommée? On accourait jadis dans leur enceinte pour assister à cette grande restitution du Droit Romain
entreprise, avec tant d'ardeur, au XVIe siècle; mais elle était ac-
complie: à l'analyse qui devait briller dans les Ecoles, parce que,
dans sa variété, elle appelle le concours de beaucoup d'intelligences, succédait la synthèse dont l'unité réclame surtout les

efforts de la pensée individuelle et de la réflexion solitaire. D'ailleurs, nous l'avons dit, au temps où les livres étaient rares, où
les écrivains ne pouvaient s'adresser qu'à un cercle restreint de
lecteurs, la chaire était une tribune ; elle déchut de sa puissance,
le jour où l'on trouva dans la presse un moyen assuré d'étendre
à l'infini son auditoire. Pothier lui-même, le dernier grand professeur du XVIII° siècle, exerça plus d'autorité par ses livres
que par ses leçons; son enseignement fut moins populaire que
ses ouvrages, et tandis que l'imagination se représente Cujas
environné de nombreux disciples attentifs à sa parole, elle se
figure plutôt l'illustre Jurisconsulte d'Orléans, au milieu de ses
livres, écrivant, dans le silence du cabinet, ces traités qui ont
devancé et préparé nos Codes, et qui peut-être les ont rendus
possibles.

Toutefois, Messieurs, notre ancienne Université, si elle périt
en 1789, confondue avec tant d'autres institutions dont il aurait
fallu sans doute la distinguer, rendit un dernier service que nous
ne pourrions sans ingratitude passer sous silence. La transition
d'une législation à une autre ne peut jamais s'accomplir d'une
manière absolue et tranchée; sous l'empire des anciens principes, il s'est formé des intérêts qui demandent à être ménagés;
et souvent la réforme législative soulève, dans son application,
les distinctions les plus délicates entre ce qu'elle a voulu abolir
comme un abus, et ce qu'elle a dû respecter comme la légitime
expression du Droit. Ce fut donc un bonheur de trouver en
France, au moment de cette difficile épreuve, tous ces hommes
éclairés que la pratique et l'étude des anciennes lois avaient si
bien préparés à l'intelligence et à l'application des lois nouvelles :
grâce à leur concours, la chaîne des traditions ne fut pas brus-
quement interrompue, et les intérêts dignes d'une protection ne
furent pas sacrifiés légèrement à l'entraînement des circonstances.
L'Université de Bourges légua à la Magistrature nouvelle les
lumières de ses derniers représentants. Vous les nommez avec
nous (1), Messieurs, et vous savez quels services ils furent appe-
és à rendre dans les transformations diverses que subit après
1789 notre Organisation Judiciaire. Mais nous ne devons pas oublier parmi eux ce vénérable et docte Magistrat dont les lumières

(1) M. Augier, M. Ruelle, M. Veilhaut, enfin M. Sallé, premier
président de la Cour royale de Bourges jusqu'en 1830.

ont si long-temps honoré cette Cour, et qui, le dernier de tous ses membres, avait survécu à notre Université (1). C'est ainsi que nous nous rattachons, dans le passé, à cette institution qui n'est plus par un lien de pieuse reconnaissance ; et si nous jetons les yeux sur l'avenir, peut-être nous sera-t-il permis d'espérer que le souvenir de cette vieille gloire Universitaire ne sera pas toujours stérile.

—Dans le cours de l'année qui vient de s'écouler, nous avons eu à déplorer deux pertes cruelles.

Un magistrat qui pendant plusieurs années avait appartenu au ministère public près cette Cour, M. Briolet, a succombé à la douloureuse maladie dont les premières atteintes l'avaient déterminé à nous quitter. Déjà, l'année dernière, à l'occasion de cette retraite prématurée, le digne chef de ce Parquet s'était rendu l'interprète de nos sentimens communs. Sa mort a réveillé nos regrets. Nous nous sommes tous rappelé, en voyant si tristement s'éteindre une existence qui semblait destinée à tant d'avenir, et l'énergie pleine de dignité avec laquelle M. Briolet soutint de graves accusations, et l'éclat de sa parole, et l'élévation de cette intelligence qui avait entretenu un continuel commerce avec les grands philosophes, les grands orateurs et les grands poètes.

Le Ressort a perdu, dans M. Bureau de Varennes, président du tribunal de Clamecy, un de ces magistrats éprouvés chez lesquels le talent égale la conscience. Vous lui rendiez, Messieurs, la justice dont il était digne, et vous savez que je ne suis pas aveuglé, dans cet hommage rendu à sa mémoire, par l'amitié fraternelle qui m'unissait à lui et dont je conserverai pieusement le souvenir. Entré bien jeune dans la Magistrature, il avait grandi chaque jour dans l'estime de tous par la loyauté de son caractère, la rectitude et la fermeté de son esprit, cette religion du devoir, cette probité délicate et sévère dont tous ses actes portaient l'empreinte. Procureur du roi au Tribunal de Sancerre en 1830, il refusa avec un noble courage de s'associer à cette violation de la Charte qui a provoqué et légitimé tout à la fois notre dernière révolution. Président du Tribunal de Clamecy, il avait rapidement conquis la considération publique, dans un pays auquel il était étranger et où il rencontrait plus d'un obstacle : et sur sa

---

(1) M. Trottier père, décédé en 1838, président honoraire de la Cour.

tombe prématurément ouverte , d'universels et touchans regrets sont venus honorer sa mémoire. Depuis long-temps il aspirait à s'asseoir dans cette enceinte : pourquoi faut-il que la mort soit venue rendre impossible une justice qui désormais ne pouvait plus lui échapper !

— Le Barreau , qu'une étroite solidarité unit à la Magistrature, n'est jamais resté étranger à ces allocutions qui ouvrent nos travaux communs; et je dois l'oublier moins que tout autre, moi qu'à une autre époque une si bienveillante confraternité accueillit dans ses rangs. Mais que pourrai-je lui dire, que pourrai-je dire surtout à ces jeunes débutants, si pleins d'espérance, auxquels les affaires laisseront long-temps encore des loisirs pour l'étude , qui ne soit effacé par l'éloquent exemple de ces grands hommes auxquels la science du Droit a dû ses progrès? Pour tous ceux qui à des titres divers sont appelés à préparer, à éclairer ou à rendre la Justice, Magistrats, Avocats et Avoués, l'étude assidue, sévère, approfondie du Droit est un devoir impérieux ; et nous devons nous en féliciter, car il n'en est pas de plus noble, de plus vaste , de plus satisfaisante pour l'esprit. Elle touche à tous les intérêts de l'ordre social ; elle touche à l'histoire et à la philosophie. Par la certitude presque géométrique de ses déductions, elle enlève toute prise à ce douloureux scepticisme, maladie intellectuelle de notre époque ; et en montrant avec quelle lenteur, à travers quels obstacles les principes les plus sacrés sont parvenus à se réaliser dans les lois, elle guérit de ces découragements passagers et de ces funestes impatiences qui troublent et désolent tant d'esprits généreux. La science d'ailleurs , Messieurs, quand on se dévoue avec sincérité à son culte , élève l'âme et la purifie , en même temps qu'elle fortifie la pensée: les mauvaises passions, les sentiments bas ou intéressés disparaissent devant elle ; car elle est sœur de la vertu: toutes deux sont des rayons de la vérité.

DOCUMENS INÉDITS.

Les pièces qui suivent sont extraites des Archives de la ville de Bourges, qui contiennent de nombreux renseignemens manuscrits sur l'ancienne Université. Les plus curieuses peut-être sont relatives à cette période, très peu connue, qui s'écoula depuis sa fondation jusqu'à l'enseignement d'Alciat. Je suis forcé de les négliger pour rapporter uniquement, et en quelque sorte à titre de *specimen*, quelques documens relatifs à la seconde période, qui s'écoula d'Alciat à Cujas.

1.

Lettre de François Ier. pour Alciat, *aux Échevins, Bourgeois, Manans et Habitans de sa bonne ville, cité et Université de Bourges.* 28 mai 1533.

« De par le Roy.

» Chers et bien amez, nous avons esté adverty de la difficulté que vous faictes de payer à Messire Alciat la pension dont il a cy-devant convenu avec vous par chacun an, vous excusant sur la Commission qu'avons décernée pour prandre durant ceste année la moictié de vos deniers commungs desquels lad. pension souloit estre satisfaicte et payée. Et d'aultant que ceste excuse ne peult bonnement avoir lieu, attendu mesmement que la nécessité du temps nous a faict prendre lad. moictié seullement, à ceste cause nous vous avons bien voulu escripre la présente, vous mandant, commandant et expressément enjoignant que sur l'anltre moictié qui reste en vos mains d'iceulx deniers commungs vous ayez à satisfaire et payer aud. Messire Alciat icelle pension sans y faire aucun refus ny difficulté ny qu'il soit plus de besoing de vous escripre pour cest effect. Mais gardez d'y faire faulte, car tel est nostre plaisir. Donné à Lyon, le xxviiie. jour de may 1533.

Signé FRANÇOYS.   *Plus bas :* BRETON.

2.

Lettre de Michel de Lhospital aux Maire et Échevins de la ville de Bourges, sur Cujas. 21 juillet 1556.

« Messieurs, Madame continuant l'affection et amitié qu'elle porte à ses subjects et ville de Bourges a trouvé homme docte et suffisant pour tenir le lieu que souloit tenir Monsr. Balduyn, et a nom M. Cujat et est de présent à Cahours. Nous luy avons faict offrir trois cens livres avec promesse de mieulx. J'espère qu'il se contentera, estant l'affaire conduict par honnestes personnaiges et ses amys. Aussitôt que j'auray la response, je ne fauldray à vous advertir comme ceulx à qui l'affaire touche et appartient principalement, qui est tout ce que vous puis escripre présentement, me recommandant humblement à vos bonnes grâces et priant Dieu, Messieurs, vous donner bonne et longue vie. De Paris le xxI juillet 1555.

» Vostre humble frère et serviteur,

» *Signé* DELHOSPITAL. »

3.

Lettre de la Duchesse de Berry, Marguerite de Valois, aux Maire et Échevins, touchant les désagrémens snscités à Cujas. 9 octobre 1556.

« Chers et bien amez, nous nous attendions que après la réception de M. Jacques Cujas en la place et régence de M. Francoys Baldoyn cy-devant l'ung des Docteurs de notre Université de Bourges, il deust, selon le voulloir et intention du Roy nostre très honoré seigneur et frère, joyr paisiblement de lad. régence, ensemble des profficts et esmolumens d'icelle. Toutesfoys nous avons entendu que depuys on auroit donné degrez de licence à quelques escolliers de nostred. Université sans y appeler led. Cujas, qui seroit le frustrer des droicts à luy appartenans, chose que ne voullons aucunement permettre. A ceste cause vous mandons et enjoignons que suyvant les lettres et commissions du Roy nostre Seigneur et frère vous n'ayez à faire payer et délivrer aux aultres Docteurs de nostre Université aulcuns deniers pour leurs gaiges, sans que ils soient obéissans à ce qui est mandé par lesd. lectres et qu'ils ne donnent aulcun empeschement aud. Cujas en la joyssance des droicts de sad. régence. Sy n'y fetes faulte. Escript à Paris le ixe. jour d'octobre 1556.

» Depuis ces lectres escriptes, nous avons entendu par le S^r. de Nanzay, Conseiller du Roy nostre d. Seigneur et frère et M^e. des requestes en son hostel que lesd. Docteurs sont delliberez de obéir à son voulloir suivant lectres présentées pour la réception dud. Cujas en le souffrant joyr des droicts de lad. Régence : dont nous sommes tres ayse et contante. Et pour ce, sy ainsi est, vous ferez payer lesd. Docteurs de leurs gaiges comme vous avez accoustumé et selon l'estat ordonné par le Conservateur des privillèges en nostre ville de Bourges auquel sur ce faict nous mandons plus amplement nostre voulloir et intention.

» *Signé* MARGUERITE DE FRANCE. »

4.

Lettre de la même, aux Maire et Echevins, en faveur d'Antoine Leconte. 22 janvier 1557.

« Chers et bien amez, ce nous a esté fort grant plaisir et contantement d'entendre le bon debvoir que vous avez faict envers les Docteurs régens de nostre Université de Bourges pour faire recepvoir M^e. Antoine Leconte au lieu et place de feu M^e. André Levescat dont nous avons, depuis nos lectres à vous addressant, escript par deux diverses fois auxd. Docteurs lesquels ne peuvent raisonnablement différer long-tems procédder à la réception dud. Leconte. Toutesfois là où ils vouldroient user de remises et tirer cest affaire en longueur, nous avons advisé de suivre l'advertissement que nous faictes et vous avons à ceste fin dernièrement escript par M^e. Guillaume Thomasseau, l'ung de nos Secrétaires, touchant l'estat des gaiges desd. Docteurs lesquels n'ont occasion de faire tel traictement qu'ils font aud. Leconte ne pareillement de tenir lesd. escoliers de nostre d. Université en armes. A quoy nous espérons donner si bon ordre que cy-aprèz pourrez vivre en telle seureté qu'il est raisonnable pour le bien publicq de vostred. ville de Bourges, estant toutesfois contraincte pour ce faire d'employer autres juges et officiers que ceulx qui y debvoient pourveoir pour le deu et acquit de leurs charges. Cependant vous prions de vostre part regarder à ce qu'il sera besoing de faire en attendant que vous ayez plus amplement de nos nouvelles, et vous recommandant le repos et tranquillité de nostred. ville, nous prions Dieu, chers et bien amez, vous avoir en sa garde. De Paris le xxiie. jour de janvier 1557.

» *Signé* MARGUERITE DE FRANCE. *Plus bas :* FORGET. »

5.

Malgré cette lettre, les Docteurs continuèrent à opposer de grandes difficultés à Leconte. Ces démêlés durèrent plus d'un an. La Duchesse persista à exiger qu'on laissât participer Leconte aux droits que percevaient les autres Docteurs, et ordonna, en cas de refus, qu'on retînt les gages de ces derniers. Ils menacèrent alors de quitter l'Université. C'est à ce sujet que la Duchesse écrivit aux Maire et Échevins la lettre suivante :

« Chers et bien amez, nous avons, auparavant la réception de vos lectres du xix°. jour de décembre dernier passé, faict bailler au Contrôleur Thomasseau, l'ung de nos Secrétaires, l'estat pour le payement des gaiges des Docteurs de nostre Université de Bourges durant le quartier d'apvril et juillet de ceste présente année, avecque nos lectres à vous adressantes par lesquelles, encores qu'il vous puisse apparoir de nostre intention touchant ledit payement, toutesfois, quelque semblant que facent lesd. Docteurs de cesser leurs lectures ou bien de laisser nostre service, vous mandons de rechef et ordonnons que vous ayez à suivre entièrement nostred. ordonnance pour le faict desd. gaiges, n'ayant delliberé de retenir contre leur voulloir ceulx qui vouldront s'en aller de nostre Université, mais après leur partement de pourveoir en leurs places d'aultres gens de bien et suffisans personnaiges qui scavent obéir aux remonstrances et prières que leur faisons pour le repos publicq et conservation de nostred. Université. A quoy de vostre part debvez tenir la main, et ce faisant nous ferez service. A tant prions Dieu, chers et bien amez, vous avoir en sa garde. De Paris le iiij°. jour de janvier 1558.

» *Signé* MARGUERITE DE FRANCE. *Plus bas :* FORGET. »

6.

« Estat du payement que madame Marguerite de France, sœur unicque du Roy, Duchesse de Berry, a ordonné estre faict aux Docteurs en droict canon et civil et aultres régens de l'Université de Bourges, durant le présent quartier de janvier, febvrier et mars 1557 par le Recepveur des deniers comungs de la ville de Bourges, suivant l'estat de Messieurs les Maires et Échevins commis et eslcus au gouvernement des affaires comungs d'icelle ville, envoyé à Mad. Dame. signé Mareschal, en date du viij°. jour de decembre 1556, et ce des deniers provenant des impositions foraines délaissées par Mad. Dame pour employer audit payement.

» Et premierement

» A M°. François Le Duaren, doyan, Docteur en la Faculté de Droict civil, la somme de cent escus d'or soleil à xlviii sols la pièce vallant la somme de ii °. xl. livres durant led. quartier, a raison de quatre cens, escus par an, cy. .　　ii°.　xl¹. ".

» A Mᵉ. Hugues Donneau, aussy Docteur en lad. Faculté de Droict civil, la somme de lxxv¹. durant ledit quartier à raison de iii'°.¹.
par an, cy. . . . . , ... , . . .　　lxxv¹.

» A Mᵉ Françoys Bouguyer, aussy Docteur regent en droict civil la somme de xxxvii¹. dix sols durant led. quartier à raison de sept vingts dix livres par an, cy. . . . .　　xxxvii¹. x '.

» A Mᵉ. Jehan Raby, aussi Docteur régent en la Faculté de Droict canon, la somme de xxxv¹. durant led. quartier à raison de sept vingts livres par an, cy. . . . .　.　xxxv¹. »

» A Mᵉ. Loys Rousard, lecteur des Insti-tuts, la somme de xii¹. x '. durant led. quar-tier, à raison de l¹. par an, cy. . . . . . .　　xii¹. x '.

» A Mᵉ. Charles Girard, lecteur en lectres grecques la somme de xxxvii¹. x '. durant led. quartier, à raison de sept vingts dix li-vres par an, cy. . . . .　　xxxvii¹. x '.

» Somme totale desd. gaiges durant led.
quartier. . . . .　iiij°. lxvii¹. x'(1)

» Falct à Fontainebleau le xxiiᵉ. jour de mars 1557.

» *Signé* MARGUERITE DE FRANCE. »

7.

Les lettres suivantes d'Henri II prouvent quels étaient les an-ciens priviléges des étudians, et elles montrent en même temps qu'on s'efforçait de les restreindre.

---

(1) A ces *gages* perçus par les Professeurs, il faut ajouter les sommes payées par chaque élève, pour sa présence d'abord, et en-suite pour ses degrés : c'était ce qu'on appelait les *droits, profits et émolumens*.

« Henry, par la grâce de Dieu , roy de France , à notre Bailly et juge présidial de Berry , conservateur des priviléges de l'Université de Bourges ou son lieutenant et conseillers dud. bailliage ou premier d'eulx sur ce requis , salut :

» De la partie des doyans, docteurs et maistres ès facultez de nostre Université de Bourges faisans et représentons la plus grand et saine partie de lad. Université nous a été exposé que en cas de vacances de la Rectorye qui est de troys moys en troys moys et aultres estats et offices de lad. Université il y a plusieurs ap-pellations interjectées à notre Court à Paris, et finalement par arrest du vingtième Juillet 1542, fut ordonné que oudict cas de va-cation chacune desd. facultez s'assembleroit avec leurs doyans qui concluroient à la majeure partie, et seroit lad. conclusion ré-digée en acte public et rapportée avec les quatre procureurs des Nations, et que les esleus à la majeure partie desd. facultez, qui sont cinq et quatre procureurs, faisant toutes neuf voix, seroient reçeus en lad. Rectorye ou tout autre office vacant : sur l'entrete-nement et observation de laquelle forme contenue par led. arrest, quand telles vacations sont advenues, plusieurs briguent les d. offices, et par dons, banquets et promesses suscitent plusieurs des-bauchez et fesnéans qui soubs le nom d'Escolliers sont vaguans d'Université en Université, à briguer pour eux et gaigner Escolliers estudians en icelle Université et par tels moyens est donné tel trouble et désordre en lad. Université que partie du temps les le-çons cessent, les aucuns bons Escolliers envoyez de loingtain pays en lad. Université à grans frais perdent leur temps par def-fault desd. leçons, et les aultres habandonnent l'estude se des-bauchans, qui est ung interest non seullement en lad. Université, mais à nostre chose publicque si grand que rien plus, et par ces voyes et moyens ceulx qui ont argent et deniers pour faire lesd. bancquets, dons et promesses, de quelque (1) qu'ils soient , sont pourveus desd. offices de l'Université et encoures qu'ils feussent notoirement incapables et ne tendîssent auxd. offices que pour les privilèges d'iceulx et frauder nos deniers. Et pour empescher que lesd. doyans, lecteurs et maistres ne se trouvent èsd. assem-blées , font lesd. brigueurs tels tumultes , insolences , craincles et inthimidations auxd. doyans, lecteurs et maistres qu'il n'y a d'entre eulx homme qui ose le plus souvent se trouver èsd. as-

---

(1) Il manque ici un mot.

semblées de eslections pour rapporter iceluy qui a esté esleu par chacune desd. facultez et sont contraincts de laisser l'enthier gouvernement et disposition de tous lesd. offices et estats à la folle et effrénée jeunesse qui n'a jugement ne considération d'eslire gens ydolnes et cappables pour l'exercice des estats vaccans en icelle Université, dout s'ensuyvent infinis inconvéniens et est lad. Université en voye de tomber en ruynes, si par nous n'y est pourveu de remède convenable ;

» Pour ce est-il que nous vous mandons et commettons par nos présentes que, appellez nos Procureur et Advocat aud. siège, et les Maire et Eschevins de lad. ville, informez secretement desd. abbus, brigues, mœurs, desbauches et monopoles, s'il vous appert de ce que dict est ou de tant qu'il suffise d'oyr, vous, oudict cas, proceddiez extraordinairement contre ceux que trouverez avoir donné occasion ausd. forfaicts advenus en lad. Université èsd. vacations; et affin que cy-après l'on en puisse donner quelque reglement ausd. eslections, faictes faire exprès commandement de par nous aux Doyans, Docteurs des cinq facultés de lad. Université, Procureurs des nations d'icelle et aultres qu'il appartiendra qu'ils ayent à mectre incontinant par devers vous tous les titres, lectres, arrests et aultres papiers concernant l'eslection dud. Recteur et aultres offices de lad. Université, ensemble les informations faictes et à faire sur lesd. abbus. débats et aultres troubles advenus en lad. Université esd. eslections pour le tout par nous veu et les gens de nostre Conseil privé ou aultres que commettrons pour cet effect estre donné sur le réglement desd. eslections ainsy que de raison :

» Et néantmoings par provision et affin d'obvier ausd. troubles nous avons dict, déclairé et ordonné, voullons, entendons et nous plaist que advenant vacation de lad. Rectorye et aultres offices de lad. Université, l'eslection en demoure ausd. doyans, docteurs et maistres régens desd. facultez comme faisans et représentans la plus grand et saine partye de lad. Université, et ce jusques ad ce que par nous ou ceulx que pour cest effect desputerons en ayt aultrement esté ordonné, nonobstant oppositions ou appellations quelsconques, pour lesquelles ne voullons estre differé et dont nous avons retenu et retenons à nous et auz gens de nostre conseil privé l'entière cognoissance et juridiction et icelle interdite et deffendue, interdisons et deffendons à toutes nos cours et aultres juges quelsconques par ces présentes, par les quelles mandons en oultre au premier nostre huissier ou sergent sur ce requis que nosd. présentes il inthime et fasse assavoir aux Procureurs des quatre nations de lad. Université, Escolliers d'icelle et aultres qu'il appartiendra, leur faisant expresses inhibitions et deffenses de par nous sur certaine et grande peine à nous à appliquer qu'ils n'ayent aucune chose faire ne attempter au préjudice des susd. présentes, et si après lad. signification, il s'en trouve quelques uns faisant le contraire, vous procedderez contre eulx sous les peines susdites et en oultre ainsy que verrez estre à faire par raisons et que les cas dont ils seront accusez le requerront : de ce faire vous avons donné plain pouvoir, puissance, auctorité, commission, mandement espécial, vous mandans, etc.

» Donné à Chaallons le xiiie jour de janvier l'an de grace 1552 et de nostre regne le sixieme.

» Soubscriptes par le Roy en son conseil estably aupres de la Royne régente. Ainsi signé Bochetel, et scellé du grand sceau sur simple queue de cire jaune. »

8.

Procès-verbal de réception d'un Professeur.

« Aujourd'huy lundy 18e. jour de juing 1584, honorable homme Me. François Ragueau, Conseiller du Roy et Lieutenant-Général au bailliage et siège royal de Mehun-sur-Yèvre, a esté reçeu Docteur regent en la Faculté de Droict civil en l'Université de ceste ville de Bourges, et ont assisté à sa réception noble homme Robert Damours, sr. de Dhierry, maire, Claude Debourdiers, sr. du Poisieux, Jehan Foucault, sr. de Boisrogneux, et Estienne Gougnon, sr. des Cloix, Eschevins d'icelle ville de Bourges, Mes. Claude Bourdaloue, advocat, et Laurens Revon, André Depardieu, greffier de lad. ville, accompagnez des concierge, sergens et trois des messagiers de lad. ville, ayant lesd. sergens et messagiers leurs robes aux couleurs de lad. ville (1), et lequel sr. Ragueau est venu en maison de ville assisté de Messieurs Cujas et Mercier, Docteurs régens, et de Messire Estienne Mercier, Docteur en médecine, Recteur d'icelle Université, au davant desquels marchoient les bédeaux avec leurs masses, et incontinant que les dessusd. de l'Université ont esté entrez en lad. maison de ville sont lesd. Maire et Officiers de ville sortis avec eulx marchant par chacun costé de rue, assavoir l'Uni

(1) Verte et rouge.

versité à la main dextre, et la ville à la senestre, et sont allez en-
semblement aux grandes Escolles ou led.'s'.Ragueau a faict sa pro-
position, estant dans une chaize joignant et au davant de la chaize
desd. Escolles. Et a faict led. s'. Mercier, Docteur régent, à
l'excuse dudit s'. Cujas, doyen de lad. Université, la harangue
pour la réception d'iceluy et l'a reçeu et installé en lad. dignité
de Docteur régent en la Faculté de Droict civil en l'Université
de Bourges au lieu et place de deffunct Messire Nicolas Bouguyer,
et luy a ceinct une ceincture d'or, mis ung anneau dans le doigt
médical, vestu la robe doctorale (1), et prins de luy le serment
en tel cas requis, selon qu'il est escript dans le livre de l'université qui luy a esté apporté par le scribe d'icelle, qui luy a faict
lecture de mot à mot dud. serment, et ce faict a esté conduict
par la compagnie en l'église de St-Etienne, où tous sont entrez
dans le chœur et rendu grâces à Dieu, et de là sont allez disner
au logis dudit sieur Ragueau.

» A esté par lesd. S'' maire et eschevins faict donner et distri-
buer aux assistans par François Vignauldon, concierge de lad.
maison de ville, les sommes ci-après déclarées, ainsi qu'il est accoustumé à la réception des docteurs régens et selon qu'il ensuyt :

» Premier à M'. Cujas, v escus. A M. Mercier, docteur, qu.
a faict la harangue, x escus. A M. le Recteur, xv sols. A MM.
les Docteurs en théologie, à chacun xxii sols vi deniers, qui sont
en nombre de six, assavoir : Vénérable personne Mᵉ. Yves de
Guillaumenche, doyen ; frère Robert Bruray, prieur des Carmes,
frère Jehan Mercier, carme, frère Valentin Joffrin, gardian des
Cordeliers ; frère Anthoine Paillault, confesseur de Ste-Claire ;
Mᵉ. Pierre Seurrat, chanoine en l'église de Bourges ;

» MM. les Docteurs en medecine, à chascun xxii sols vi deniers; M. Pigné, doyen, M. Bessé, M. Mercier, médecins ;

» Aux maistres ès arts, à chacun x sols, assavoir : M. Jehan
Esmin ; M. Adrian Gontier :

» M. le chancellier, x sols, M. le conservateur apostolique,
x s. M. le conservateur des privilleges Royaulx, xx s. ; M. de
Montvéron, premier advocat du Roy, xx s., M. Lebégue, second
advocat du Roy, xx sols ; M. Bigot, procureur du Roy, xx sols ;

---

(1) Avec la robe et le chaperon, on remettait en même temps au
récipiendaire *le bonnet carré au fest duquel y avoit une petite
houppe de soie rouge et verte.*

» Aud. s. Lebègue, advocat delad. Université, x s; M. Des-
bordiers, procureur delad. Université, x s.; au Scribe, xxx s.; au
Bédeau general, cxv s.; au Bédeau dela Nation, cx s.; au Bédeau de la faculté de Droict civil, cx s.; au Bédeau de Droict
canon, x s.; au bédeau de Théologie, x s.; au bédeau dès Arts,
x s.; aux trois bédeaux des trois aultres nations, à chascun, x s.;
au sonneur. v s.;

» A M. le maire, un escu; à MM. les eschevins, chascun demi-
escu, qui font deux escus; aux advocats, Procureur, receveur et
greffier à chascun, xx s. qui font 1 escu 1 l.; au concierge x s.;
aux six sergens de ville, à chascun sept sols vi deniers; xlv s.; à
Godard, messagier ordinaire de la ville, vii s. vi d. »

Les armes de l'Université étaient d'azur à trois fleurs de lys
d'or, 2. 1., et une main au naturel sortant d'un nuage d'argent
mouvant du chef, tenant un livre de gueules bordé d'or.

Au XVIIᵉ. siècle, les quatre Nations de l'Université de Bourges
étaient France, Bourgogne, Aquitaine et Bretagne. Cependant il
y avait aussi, même à cette époque, la Nation Allemande : son
registre, manuscrit in-fᵒ. sur parchemin, a été récemment acquis
par la Bibliothèque Royale. Ce registre, qui contient les armoiries
enluminées des Officiers de la Nation et les signatures autographes
des élèves, va de 1622 à 1641 : il est richement relié, et autour
de l'aigle aux deux têtes imprimé sur la couverture, on lit cette
légende : INSIGNIA · INCLYTÆ · NATIONIS · GERMANICÆ · IN · ACA-
DEMIA · BITVRICENSI.

www.ingramcontent.com/pod-product-compliance
Lightning Source LLC
Chambersburg PA
CBHW070736210326
41520CB00016B/4468